SECURITY LOG

Name of Company	
Address	
Log#	
Start Date	
End Date	

Reviewed By	Date	Notes

Date	Name	Company	Vehicle Plate	Reason For Visit	Time In	Time Out

Date	Name	Company	Vehicle Plate	Reason For Visit	Time In	Time Out

Date	Name	Company	Vehicle Plate	Reason For Visit	Time In	Time Out

Date	Name	Company	Vehicle Plate	Reason For Visit	Time In	Time Out

Date	Name	Company	Vehicle Plate	Reason For Visit	Time In	Time Out

Date	Name	Company	Vehicle Plate	Reason For Visit	Time In	Time Out

Date	Name	Company	Vehicle Plate	Reason For Visit	Time In	Time Out

Date	Name	Company	Vehicle Plate	Reason For Visit	Time In	Time Out

Date	Name	Company	Vehicle Plate	Reason For Visit	Time In	Time Out

Date	Name	Company	Vehicle Plate	Reason For Visit	Time In	Time Out

Date	Name	Company	Vehicle Plate	Reason For Visit	Time In	Time Out

Date	Name	Company	Vehicle Plate	Reason For Visit	Time In	Time Out

Date	Name	Company	Vehicle Plate	Reason For Visit	Time In	Time Out

Date	Name	Company	Vehicle Plate	Reason For Visit	Time In	Time Out

Date	Name	Company	Vehicle Plate	Reason For Visit	Time In	Time Out
Date	Name	Company	Vehicle Plate	Reason For Visit	Time In	Time Out

Date	Name	Company	Vehicle Plate	Reason For Visit	Time In	Time Out

Date	Name	Company	Vehicle Plate	Reason For Visit	Time In	Time Out

Date	Name	Company	Vehicle Plate	Reason For Visit	Time In	Time Out

Date	Name	Company	Vehicle Plate	Reason For Visit	Time In	Time Out

Date	Name	Company	Vehicle Plate	Reason For Visit	Time In	Time Out

Date	Name	Company	Vehicle Plate	Reason For Visit	Time In	Time Out

Date	Name	Company	Vehicle Plate	Reason For Visit	Time In	Time Out

Date	Name	Company	Vehicle Plate	Reason For Visit	Time In	Time Out

Date	Name	Company	Vehicle Plate	Reason For Visit	Time In	Time Out

Date	Name	Company	Vehicle Plate	Reason For Visit	Time In	Time Out

Date	Name	Company	Vehicle Plate	Reason For Visit	Time In	Time Out

Date	Name	Company	Vehicle Plate	Reason For Visit	Time In	Time Out

Date	Name	Company	Vehicle Plate	Reason For Visit	Time In	Time Out

Date	Name	Company	Vehicle Plate	Reason For Visit	Time In	Time Out

Date	Name	Company	Vehicle Plate	Reason For Visit	Time In	Time Out

Date	Name	Company	Vehicle Plate	Reason For Visit	Time In	Time Out
Date	Name	Company	Vehicle Plate	Reason For Visit	Time In	Time Out

Date	Name	Company	Vehicle Plate	Reason For Visit	Time In	Time Out

Date	Name	Company	Vehicle Plate	Reason For Visit	Time In	Time Out

Date	Name	Company	Vehicle Plate	Reason For Visit	Time In	Time Out

Date	Name	Company	Vehicle Plate	Reason For Visit	Time In	Time Out

Date	Name	Company	Vehicle Plate	Reason For Visit	Time In	Time Out

Date	Name	Company	Vehicle Plate	Reason For Visit	Time In	Time Out

Date	Name	Company	Vehicle Plate	Reason For Visit	Time In	Time Out

Date	Name	Company	Vehicle Plate	Reason For Visit	Time In	Time Out

Date	Name	Company	Vehicle Plate	Reason For Visit	Time In	Time Out

Date	Name	Company	Vehicle Plate	Reason For Visit	Time In	Time Out

Date	Name	Company	Vehicle Plate	Reason For Visit	Time In	Time Out
Date	Name	Company	Vehicle Plate	Reason For Visit	Time In	Time Out

Date	Name	Company	Vehicle Plate	Reason For Visit	Time In	Time Out

Date	Name	Company	Vehicle Plate	Reason For Visit	Time In	Time Out

Date	Name	Company	Vehicle Plate	Reason For Visit	Time In	Time Out
Date	Name	Company	Vehicle Plate	Reason For Visit	Time In	Time Out

Date	Name	Company	Vehicle Plate	Reason For Visit	Time In	Time Out
Date	Name	Company	Vehicle Plate	Reason For Visit	Time In	Time Out

Date	Name	Company	Vehicle Plate	Reason For Visit	Time In	Time Out

Date	Name	Company	Vehicle Plate	Reason For Visit	Time In	Time Out

Date	Name	Company	Vehicle Plate	Reason For Visit	Time In	Time Out

Date	Name	Company	Vehicle Plate	Reason For Visit	Time In	Time Out

Date	Name	Company	Vehicle Plate	Reason For Visit	Time In	Time Out

Date	Name	Company	Vehicle Plate	Reason For Visit	Time In	Time Out

Date	Name	Company	Vehicle Plate	Reason For Visit	Time In	Time Out
Date	Name	Company	Vehicle Plate	Reason For Visit	Time In	Time Out

Date	Name	Company	Vehicle Plate	Reason For Visit	Time In	Time Out

Date	Name	Company	Vehicle Plate	Reason For Visit	Time In	Time Out

Date	Name	Company	Vehicle Plate	Reason For Visit	Time In	Time Out
Date	Name	Company	Vehicle Plate	Reason For Visit	Time In	Time Out

Date	Name	Company	Vehicle Plate	Reason For Visit	Time In	Time Out

Date	Name	Company	Vehicle Plate	Reason For Visit	Time In	Time Out

Date	Name	Company	Vehicle Plate	Reason For Visit	Time In	Time Out

Date	Name	Company	Vehicle Plate	Reason For Visit	Time In	Time Out

Date	Name	Company	Vehicle Plate	Reason For Visit	Time In	Time Out
Date	Name	Company	Vehicle Plate	Reason For Visit	Time In	Time Out

Date	Name	Company	Vehicle Plate	Reason For Visit	Time In	Time Out

Date	Name	Company	Vehicle Plate	Reason For Visit	Time In	Time Out

Date	Name	Company	Vehicle Plate	Reason For Visit	Time In	Time Out
Date	Name	Company	Vehicle Plate	Reason For Visit	Time In	Time Out

Date	Name	Company	Vehicle Plate	Reason For Visit	Time In	Time Out

Date	Name	Company	Vehicle Plate	Reason For Visit	Time In	Time Out

Date	Name	Company	Vehicle Plate	Reason For Visit	Time In	Time Out

Date	Name	Company	Vehicle Plate	Reason For Visit	Time In	Time Out

Date	Name	Company	Vehicle Plate	Reason For Visit	Time In	Time Out

Date	Name	Company	Vehicle Plate	Reason For Visit	Time In	Time Out

Date	Name	Company	Vehicle Plate	Reason For Visit	Time In	Time Out

Date	Name	Company	Vehicle Plate	Reason For Visit	Time In	Time Out

Date	Name	Company	Vehicle Plate	Reason For Visit	Time In	Time Out

Date	Name	Company	Vehicle Plate	Reason For Visit	Time In	Time Out

Date	Name	Company	Vehicle Plate	Reason For Visit	Time In	Time Out

Date	Name	Company	Vehicle Plate	Reason For Visit	Time In	Time Out

Date	Name	Company	Vehicle Plate	Reason For Visit	Time In	Time Out

Date	Name	Company	Vehicle Plate	Reason For Visit	Time In	Time Out

Date	Name	Company	Vehicle Plate	Reason For Visit	Time In	Time Out

Date	Name	Company	Vehicle Plate	Reason For Visit	Time In	Time Out

Date	Name	Company	Vehicle Plate	Reason For Visit	Time In	Time Out

Date	Name	Company	Vehicle Plate	Reason For Visit	Time In	Time Out

| Date | Name | Company | Vehicle Plate | Reason For Visit | Time In | Time Out |

Date	Name	Company	Vehicle Plate	Reason For Visit	Time In	Time Out

Date	Name	Company	Vehicle Plate	Reason For Visit	Time In	Time Out
Date	Name	Company	Vehicle Plate	Reason For Visit	Time In	Time Out

Date	Name	Company	Vehicle Plate	Reason For Visit	Time In	Time Out

Date	Name	Company	Vehicle Plate	Reason For Visit	Time In	Time Out

Date	Name	Company	Vehicle Plate	Reason For Visit	Time In	Time Out

Date	Name	Company	Vehicle Plate	Reason For Visit	Time In	Time Out

Date	Name	Company	Vehicle Plate	Reason For Visit	Time In	Time Out

Date	Name	Company	Vehicle Plate	Reason For Visit	Time In	Time Out

Date	Name	Company	Vehicle Plate	Reason For Visit	Time In	Time Out

Date	Name	Company	Vehicle Plate	Reason For Visit	Time In	Time Out
Date	Name	Company	Vehicle Plate	Reason For Visit	Time In	Time Out

Date	Name	Company	Vehicle Plate	Reason For Visit	Time In	Time Out

Date	Name	Company	Vehicle Plate	Reason For Visit	Time In	Time Out
Date	Name	Company	Vehicle Plate	Reason For Visit	Time In	Time Out

Date	Name	Company	Vehicle Plate	Reason For Visit	Time In	Time Out

Date	Name	Company	Vehicle Plate	Reason For Visit	Time In	Time Out

Date	Name	Company	Vehicle Plate	Reason For Visit	Time In	Time Out

Date	Name	Company	Vehicle Plate	Reason For Visit	Time In	Time Out
Date	Name	Company	Vehicle Plate	Reason For Visit	Time In	Time Out

Date	Name	Company	Vehicle Plate	Reason For Visit	Time In	Time Out

Date	Name	Company	Vehicle Plate	Reason For Visit	Time In	Time Out

Date	Name	Company	Vehicle Plate	Reason For Visit	Time In	Time Out

Date	Name	Company	Vehicle Plate	Reason For Visit	Time In	Time Out

Date	Name	Company	Vehicle Plate	Reason For Visit	Time In	Time Out

Date	Name	Company	Vehicle Plate	Reason For Visit	Time In	Time Out

Date	Name	Company	Vehicle Plate	Reason For Visit	Time In	Time Out

Date	Name	Company	Vehicle Plate	Reason For Visit	Time In	Time Out

Date	Name	Company	Vehicle Plate	Reason For Visit	Time In	Time Out

Date	Name	Company	Vehicle Plate	Reason For Visit	Time In	Time Out

Date	Name	Company	Vehicle Plate	Reason For Visit	Time In	Time Out

Date	Name	Company	Vehicle Plate	Reason For Visit	Time In	Time Out
Date	Name	Company	Vehicle Plate	Reason For Visit	Time In	Time Out

Date	Name	Company	Vehicle Plate	Reason For Visit	Time In	Time Out

Date	Name	Company	Vehicle Plate	Reason For Visit	Time In	Time Out

Date	Name	Company	Vehicle Plate	Reason For Visit	Time In	Time Out

Date	Name	Company	Vehicle Plate	Reason For Visit	Time In	Time Out

Date	Name	Company	Vehicle Plate	Reason For Visit	Time In	Time Out

Date	Name	Company	Vehicle Plate	Reason For Visit	Time In	Time Out

Date	Name	Company	Vehicle Plate	Reason For Visit	Time In	Time Out

Date	Name	Company	Vehicle Plate	Reason For Visit	Time In	Time Out

Date	Name	Company	Vehicle Plate	Reason For Visit	Time In	Time Out

Date	Name	Company	Vehicle Plate	Reason For Visit	Time In	Time Out
Date	Name	Company	Vehicle Plate	Reason For Visit	Time In	Time Out

Date	Name	Company	Vehicle Plate	Reason For Visit	Time In	Time Out
Date	Name	Company	Vehicle Plate	Reason For Visit	Time In	Time Out

Date	Name	Company	Vehicle Plate	Reason For Visit	Time In	Time Out

DATE	NAME	COMPANY	VEHICLE PLATE	REASON FOR VISIT	TIME IN	TIME OUT

DATE	NAME	COMPANY	VEHICLE PLATE	REASON FOR VISIT	TIME IN	TIME OUT

DATE	NAME	COMPANY	VEHICLE PLATE	REASON FOR VISIT	TIME IN	TIME OUT

DATE	NAME	COMPANY	VEHICLE PLATE	REASON FOR VISIT	TIME IN	TIME OUT

DATE	NAME	COMPANY	VEHICLE PLATE	REASON FOR VISIT	TIME IN	TIME OUT

DATE	NAME	COMPANY	VEHICLE PLATE	REASON FOR VISIT	TIME IN	TIME OUT

DATE	NAME	COMPANY	VEHICLE PLATE	REASON FOR VISIT	TIME IN	TIME OUT
DATE	NAME	COMPANY	VEHICLE PLATE	REASON FOR VISIT	TIME IN	TIME OUT

DATE	NAME	COMPANY	VEHICLE PLATE	REASON FOR VISIT	TIME IN	TIME OUT
DATE	NAME	COMPANY	VEHICLE PLATE	REASON FOR VISIT	TIME IN	TIME OUT

DATE	NAME	COMPANY	VEHICLE PLATE	REASON FOR VISIT	TIME IN	TIME OUT

| DATE | NAME | COMPANY | VEHICLE PLATE | REASON FOR VISIT | TIME IN | TIME OUT |

DATE	NAME	COMPANY	VEHICLE PLATE	REASON FOR VISIT	TIME IN	TIME OUT

DATE	NAME	COMPANY	VEHICLE PLATE	REASON FOR VISIT	TIME IN	TIME OUT
DATE	NAME	COMPANY	VEHICLE PLATE	REASON FOR VISIT	TIME IN	TIME OUT

DATE	NAME	COMPANY	VEHICLE PLATE	REASON FOR VISIT	TIME IN	TIME OUT

DATE	NAME	COMPANY	VEHICLE PLATE	REASON FOR VISIT	TIME IN	TIME OUT
DATE	NAME	COMPANY	VEHICLE PLATE	REASON FOR VISIT	TIME IN	TIME OUT

DATE	NAME	COMPANY	VEHICLE PLATE	REASON FOR VISIT	TIME IN	TIME OUT

DATE	NAME	COMPANY	VEHICLE PLATE	REASON FOR VISIT	TIME IN	TIME OUT
DATE	NAME	COMPANY	VEHICLE PLATE	REASON FOR VISIT	TIME IN	TIME OUT

DATE	NAME	COMPANY	VEHICLE PLATE	REASON FOR VISIT	TIME IN	TIME OUT

DATE	NAME	COMPANY	VEHICLE PLATE	REASON FOR VISIT	TIME IN	TIME OUT
DATE	NAME	COMPANY	VEHICLE PLATE	REASON FOR VISIT	TIME IN	TIME OUT

DATE	NAME	COMPANY	VEHICLE PLATE	REASON FOR VISIT	TIME IN	TIME OUT

DATE	NAME	COMPANY	VEHICLE PLATE	REASON FOR VISIT	TIME IN	TIME OUT

DATE	NAME	COMPANY	VEHICLE PLATE	REASON FOR VISIT	TIME IN	TIME OUT

DATE	NAME	COMPANY	VEHICLE PLATE	REASON FOR VISIT	TIME IN	TIME OUT
DATE	NAME	COMPANY	VEHICLE PLATE	REASON FOR VISIT	TIME IN	TIME OUT

DATE	NAME	COMPANY	VEHICLE PLATE	REASON FOR VISIT	TIME IN	TIME OUT

DATE	NAME	COMPANY	VEHICLE PLATE	REASON FOR VISIT	TIME IN	TIME OUT
DATE	NAME	COMPANY	VEHICLE PLATE	REASON FOR VISIT	TIME IN	TIME OUT

DATE	NAME	COMPANY	VEHICLE PLATE	REASON FOR VISIT	TIME IN	TIME OUT

DATE	NAME	COMPANY	VEHICLE PLATE	REASON FOR VISIT	TIME IN	TIME OUT

DATE	NAME	COMPANY	VEHICLE PLATE	REASON FOR VISIT	TIME IN	TIME OUT
DATE	NAME	COMPANY	VEHICLE PLATE	REASON FOR VISIT	TIME IN	TIME OUT

DATE	NAME	COMPANY	VEHICLE PLATE	REASON FOR VISIT	TIME IN	TIME OUT

DATE	NAME	COMPANY	VEHICLE PLATE	REASON FOR VISIT	TIME IN	TIME OUT

www.ingramcontent.com/pod-product-compliance
Lightning Source LLC
Chambersburg PA
CBHW081113180526
45170CB00008B/2822